最上もが

も学

[MOGAKU]

はじめに

どうも、最上もがです。

はじめましての方も、そうじゃない方も、この本をお手に取ってくださってありがとうございます。この本には最上もがの〝考え方〟と〝人生の一部〟を詰め込んでいます。34年間生きてきて学んだことでもあり、私にとっての処世術のまとめのようなものです。あくまでも最上もがの経験から生まれた思考であり、世間の常識や世の中の正解・不正解は関係ありません。どう捉えるのもあなたの自由です。たとえ、私のファンだったとしても、私の言うこと全てを肯定する必要なんてありません。こんな人もいるんだな、こういう考え方もあるんだな、程度に読んでもらえると嬉しいです。

私のことを簡単に説明しますと、ＨＳＰであり、うつ病持ち、バイセクシャルで未婚のシングルマザーです。２０２１年の５月に第１子出産を報告しました。

この本が出版される頃、娘はもうすぐ2歳になります。里親募集でお迎えすることになった猫のくま（ミックス6歳）と、保護猫団体さんからお迎えしたシオ（ペルシャ2歳）も一緒に暮らしています。元アイドル、現タレントというところでしょうか。

アイドルとして活動する前はどうだった？と訊かれれば、アニメ・ゲーム・漫画などが大好きで、オシャレが苦手、私服がダサい、勉強が嫌い、人付き合いも下手でモテない、自信がない、口頭で話すよりもキーボードを打って会話する方が早い人間、という感じです。

昔から〝気にしすぎ〟だとか〝人の顔色を窺《うかが》いすぎ〟と家族や友人から言われていました。HSPについては本文でも後ほど触れますが、気質の一つであり、病気ではありません。

シングルマザーになった理由はTVやSNS等でも話したことがありますが、結婚も視野に入れてお付き合いしていた相手が心変わりをした、というよくあるただの失恋です。それ以外の特別な理由はありません。

幸せってなんだろう。
家族ってなんだろう。
学校ってなんだろう。
仕事ってなんだろう。

自分って何者？
友達って必要？
好きがわからない。
性別って重要？

落ち込んだとき、そのまま闇に堕ちていくように、
「なんで生きなきゃいけないの？」と、自問自答した日々。

〝今〟に絶望していても、未来がそうなるわけではありません。

誰かを救う、なんて烏滸《おこ》がましいことを思っているわけではありません。あなたの〝疑問〟に〝答え〟が見つかるかはわかりません。ただ、私の考えが何かの気づきになったり、あなたの悩みに少しでも寄り添えたらいいなと思って、この本を書くことを決めました。自分自身のためでもあります。もちろん、悩みがなくても〝最上もがの思考ってこうなんだ〟がわかる1冊になっているので、気になる方はぜひ、続きを読んでみてください。

はじめに

CONTENTS

目次

CHAPTER_03
第三章
性・LGBTQ・恋愛…71

CHAPTER_04
第四章
コンプレックス…89

CHAPTER_05
第五章
妊娠・出産・育児…125

おわりに…156

STAFF

produce+text
最上もが

photo
桑島智輝

art direction+design
松本麻実 ［GROSVENOR design］

styling
牧野香子

hair+make-up
澤西由美花［KURARASYSTEM］

accessories cooperation
LULA MAE, Mano Pigra

management
白須彩貴［スプレマシー］

DTP
山本秀一、山本深雪［G-clef］

proofreading
麦秋アートセンター

edit
妹尾真理子

special thanks
こも、くま、シオ

CHAPTER_01

personal relationships

第一章
仕事・対人関係・親との関わり方

01

personal relationships

1

全て上手くいかなかった人間関係救ってくれたのはネットゲーム

私には年子の兄と5つ年下の妹がいます。物心つく頃、母は専業主婦で父はプログラマーでした。お金に余裕がある、というわけでもなかったですが、周りから見たら〝ごくごく普通の幸せな家庭〟で育っています。でも私はずっと愛されたい、必要とされたい、と思っていました。

母は俗に言う〝教育ママ〟で、とても厳しく、学生時代の印象は「ずっと怒っているヒステリックな母」でした。兄は頭が良くとても期待されていましたが、私は勉強が苦手で「ゲームなんかやってないで宿題しなさい!!」と怒鳴《どな》られるのが日常。掃除機をかける音を聞くだけで怖くて、怒られないように違う部屋に逃げたり、日が暮れるまで近くの図書館で漫画を読むような子供でした。

兄からしてみれば「お前は自由に好きなことやれて羨《うらや》ましい」だったそうですが、私は期待される有能な兄と秀でたものが何一つないバカな妹というレッテルを貼られた状態で、自分の必要性が全くわかりませんでした。

今思えば、母は母なりに私のことを大切にしていたのだとは思うけれど、
当時は口をひらけば口論し、何がダメなのかもわからずやること全てを否定され、〝自分の求める愛〟と〝母の与える愛〟に差があったのだなと思います。

人間関係もずっと悩んでいました。
私は誰とでも仲良くしたかったのですが、小学生の頃はいつの間にかみんなグループに分かれていて、違うグループの子と仲良くするとそれだけでハブられ、全く馴染《なじ》めませんでした。

同級生の男子から暴力をふるわれていたこともありました。
「なんで叩くの？」と聞いたとき、「俺は◯◯くん（私が当時よく口喧嘩していた男子）の味方だから」と言われ、お前関係ないじゃん！って心の中で思ってましたが、

毎日執拗に絡まれ、私ははじめて「死んでほしい」と相手の不幸を願うくらい、恨んでいました。

高学年になり、相手がいじめのターゲットを変えたとき、あまりにも暴力がひどく、そのときいじめられていた子を庇《かば》ったことがあったんですが、力では敵《かな》わず、お腹を思いっきり蹴られて後ろにあった机にぶつかり、あまりにも痛くて「二度と関わりたくない」と逃げるようになり、〝男子〟が苦手になったんです。いじめられている子を守れなかった無力な自分も、助けてくれなかった大人も、見て見ぬふりをしていたクラスメイトも、私の中では全てが気持ち悪くて、学校が大嫌いでした。

中学生になって他校から人が集まっても女子グループのいざこざに巻き込まれてハブられ、部活の顧問兼担任の男の先生とは相性がとても悪く、保健室に逃げ込んだりして「サボる」というのを覚えたのはこの時期です。

怒鳴って恐怖で従わせるタイプの「熱血教師」が苦手になり、そういう大人が私のトラウマになりました。家に帰っても怒られるし、学校にいるのも辛い。

そんなときに出合ったネトゲ（ネットゲーム）は私の唯一救いの場でした。

父の影響で幼稚園の頃からゲームはしていましたが、私が10代の頃はパソコンを持っている子も少なく、家庭用ゲーム機はまだオフラインでしか使えませんでした。なので、知らない誰かとネット上で一緒にゲームをするということがなかったんです。その面白さにハマってから、一人でゲームをやることに物足りなさを感じ、学校から帰ってきたら即パソコンを起動して、ご飯やお風呂の時間以外は部屋にこもり、ネトゲで過ごす日々が私にとっての〝もう一つの現実世界〟でした。

ネトゲの世界は、顔も本名も素性もわかりません。だからこそキャラクターを通して素直になれて、偏見なく接してくれる人たちが、私の日々の支えになりました。

ただ、同世代の女の子だと思っていた人がおじさんだったり、自分が女だと知られると粘着されたり、出会い系のように使うユーザーもいたので、そこにはとても注意しながら男の子のキャラクターを使い、一人称を「ぼく」にして、楽しむようになりました。そして長年の癖《くせ》から普段も使うようになったのが、最上もがの一人称の原点だったんです。

2017年復帰後、愛猫であるくまも装備として実装されたよ

中学生の時に出会って、人生で２度も私を救ってくれたラグナロクオンライン（写真データが消えてしまったので友人から送ってもらいました）

personal relationships

2

アイドルとしてデビューしたきっかけは父のリストラ

将来の夢はありませんでした。〝生まれたから生きてる〟という感覚で日々をやり過ごし、全てが惰性でした。絵を描くことは好きでしたが、夢にするほどの意欲や技術はなく、勉強が嫌いだったので実技だけで入れる高校を選び、働きたくないけど学費がかかるから奨学金制度を利用し時間潰しのために美術短大に入り、卒業後はほぼニート。人間関係のトラウマがかなり強く、「一生ネトゲだけやって生きていたい」と本気で思っていました。

そこからアイドルとしてデビューすることになったきっかけは、父のリストラです。そのとき母は専業主婦で、妹が受験を控えていて、兄は大学生でしたが事情があり休学中。リストラと兄のことで両親は毎日のように喧嘩をし、家の雰囲気は最悪、夜な夜な母の啜《すす》り泣きが聞こえていました。

「あんたが働いて」。私は母からそう言われて、家庭の事情で働かざるを得ない状況になり、仕事を探していたときにアイドルグループのプロデューサーである〝もふくちゃん〟と知り合い、スカウトされ、デビューすることになったんです。

文章にすると簡単ですが、実際はもっと色々ありました。

多分、声をかけてくれたのが〝もふくちゃん〟じゃなければ私はアイドルをやっていなかったと思います。押しに弱かったから勢いに困惑して乗ってしまった船、という感じでしたが、歌もダンスも人前に出るのも物凄く不得意だったため、何度後悔したか数えきれませんし、毎日緊張と不安で胃が痛くなり、仕事に行く前から帰りたいと思ってました。


活動を続けて数年後に「社会不適合者がアイドルを経て人間らしく成長している。リハビリアイドルだね！」と唐突に言われたときは笑っちゃいましたが、その頃には自分でもびっくりするくらいメンバーのこともファンのことも大切になっていたんです。

personal relationships

3

伝えようとしないと伝わらない

相手の本当の気持ちを100%察する、なんて能力が備わってる人はいなくて、どんなに恥ずかしくても、勇気がなくても、面倒でも、本当の気持ちって伝えようとしないと伝わらないいんですよね。ファンの人の言葉だって昔はそうでも伝えてくれなくなれば、今も同じ気持ちとは思いません。「言わなくても伝わってると思ってた」なんて関係性は家族や恋人でさえ難しい場面もあります。

大切な相手には自分の気持ちを知ってほしくて、誤解なく伝えたいと思うし、私にとって都合が悪いことだったとしても関係性を続けたいと思っているのなら伝えてほしいと思っています。どちらかが我慢し続けたり、嘘《うそ》を塗り固めるだけではいつか破綻《はたん》してしまうからです。

芸能の仕事をしていると、全く身に覚えのないことでさえ簡単にSNSに書かれてしまいます。最上もがをイメージでしか捉えていない人は、赤の他人が書いたことも真実のように受け取ってしまうことがありました。

勝手に作られる〝一般人の思う最上もが〟と〝本当の自分〟のギャップに苦しめられ、ＳＮＳで自分のことをちゃんと話すようになりました。映画の撮影でしかホストクラブに行ったことはないし、整形や不倫をしたこともない。外見や活動の方向性で色々言われてしまう仕事なんだとすごく悔しかったからこそ、自分で伝えないと何も変わらないと思ったんです。

今では物申すアイドルというのは珍しくないですが、当時は〝アイドルに不向き〟と散々言われました。でも他人の思い通りのアイドルをやっていたら〝最上もが〟は存在しなかったと思います。

personal relationships

4

一つのことを伝えていても、捉え方は十人十色

言葉を伝えるときに一番重要なのは、〝言い方〟と〝相手との関係性〟だと思っています。文字だけだと善意の言葉も善意に読めないときがありますし、余計な一言を添えるだけで一気に意味が変わってしまうこともあります。絵文字があるとないとでメールの印象も全く違ったりしますよね。

親しくもない相手からの「おふざけ」は結構不快ですし、「聞いてもいない上からのアドバイス」は誰からだって少し苦痛です。全てを真に受けるのはバカだ、と言うのなら、私はバカなんだと思いますが、冗談を言える間柄、ってあると思うんです。ＴＰＯや相手に合わせて言葉や伝え方を変える必要がある場面はたくさんあります。

近年はＳＮＳの普及で、言葉を他人に投げかけることへのハードルが下がりすぎていますが、実際街ですれ違った人にいきなり「整形？」「痩《や》せすぎ、もっと太れば？」「メイク似合ってない」「こっちの服の方がいいと思うよ」とか言われたら誰だって気分悪いですよね。初対面からフレンドリーな人もいますけど、それさえ人によっては「馴れ馴れしい」と感じると思います。

敬語にすれば丁寧か、と問われたらそうではないです。相手に嫌味を言ったりするときにあえて敬語を使う人もいますし、〝壁〟として利用する人もいます。もちろん関係性と捉え方次第ではありますが、ときには残酷な言葉遣いになるんです。

顔が見えず匿名なら、とか、善意や好意であれば何を言ってもいい、とも全く思いません。大事なのは自己満や感情の決めつけではなく〝相手の本当の気持ち〟を尊重することと、〝相手への思いやり〟だと思うからです。これは完全に自分への戒《いまし》めとして書いています。傷つけるつもりはなくても、大切な人を傷つけてしまったことはたくさんあります。だからこそ娘にはＳＮＳの使い方も他人への配慮の仕方もちゃんと伝えなきゃいけないと思っています。

personal relationships

5

人間関係の悩み

私はどんな関係でも相手に依存しやすいタイプでした。わかってほしい、好きでいてほしい、一番になりたい、大切にしてほしい、何があっても味方でいてほしい。母に対して思っていたことをそのまま友達やファンに対しても思ってしまっていたんです。そういう関係は相手にとって重荷になることもあり、「実はうざかった」と言われたことが何度もあります。自分のメンタルが不安定になると、途端に些細なことでも疑うようになります。そういう時は人間関係を全て辞めてしまいたくなる衝動にかられ、「自分なんて必要とされていない」と連絡先を全て消したりしていました。でも必要とされたくて、寂しくて、そんな自分が本当に嫌でした。

娘が生まれてから物理的に時間をとることが難しくなり、優先順位がはっきりして、前のように悩むことがすごく減ったんです。一人一人誰かを大切にできるキャパが限られていることをすごく実感しました。

昔は友達だったとしても、今は違うなって子もいますし、「お互いに関係性を続けるための努力を怠《おこた》れば失う」と思っています。努力、って言葉は「無理をする」に近い感覚があるかもしれませんけど〝友達〟とか〝恋人〟とか〝家族〟とか、相手が誰であれ関係性を築くのも続けるのもある程度は面倒くさいもので、簡単なことではないと思うんです。

でも今は一人一台スマホがあるのが当たり前になっていて、ＳＮＳですぐやりとりができるので、もしどこかで関係性がなくなってたとしても、今後の行動次第でどうにでも変われると思っています。

逆にその利便性が「いつでもできるなら後でいいや」とタイミングを逃してしまうのかもしれませんけど、行動を起こさなければ何も始まらないだけなんですよね。

personal relationships

6

好き、と出会えることは奇跡

あのときこうしてたらもっと良い人生だったのかも、と思うことがあったとして、それが自分にとっての〝正解〟か〝不正解〟かっていうのは、巻き戻せるわけじゃないからわからないんです。そういうとき、友人でも恋人でも漫画のキャラでも芸能人でもなんでも、〝この人と出会えてよかった〟そう思える人が一人でもいれば、自分の人生は間違ってなかった、と思うようにしています。

人じゃなくても、作品だったり、物だったり、なんでもいいんです。

私にとって、出会えてよかったファンの人はたくさんいます。

もちろん娘だってそう。

だから、自分の中で後悔してることがあったり、これは間違えたってことがあったりしても今までの選択は私にとっての正解なんです。

戻りたい過去に縋《すが》っても、あの頃には決して戻れなくてそこに囚《とら》われて進めなくなるのはもう嫌なんです。

CHAPTER_02

第二章
自分の気質や病気との付き合い方

to know myself

02

to know myself

7

本当の自分、と病気の自分を見極める

ＨＳＰというのはHighly Sensitive Person（ハイリー・センシティブ・パーソン）と言って、米国の心理学者であるエレイン・Ｎ・アーロン博士が提唱した心理学的概念です。生まれつき「感受性が強く敏感な気質を持った人」のことを指します。わかりやすく言うと「気にしすぎる人」「繊細な人」「考えすぎる人」「共感しすぎる人」という感じです。それ以外にも「視覚や嗅覚などの感覚が鋭い」という要素もあり、私の場合は匂いにとても敏感で、それが良い香りだったとしても吸いすぎると気持ち悪くなってしまいます。香水をつけられない理由もこれです。

視覚的な感覚でいうと、白ホリのスタジオはめまいがしたり、日差しが不得意だったり、明るい部屋で寝ることがあまりできません。音にも敏感で、小さな音でも種類によっては不快感を覚えやすく、他人が発するネガティブな言葉などにも感情を持っていかれやすかったりします。

ＨＳＰ自体は病気ではなくその人の気質であり、〝治す〟ものではありません。

なので、医師から診断されることではないんです。自分がＨＳＰだと気づいたのは、アーロン博士のＨＳＰ診断テストに全て当てはまっていたからでした。

アイドルを脱退したのは２０１７年８月。そのときは「心身ともに疲れてしまった」という理由をブログに上げましたが、当時私は自分の存在価値がわからず、生きることへの気力が全くなくなり、何をしても楽しくない、起き上がるのも億劫、笑うこともできず、気づいたら涙が出ているような日常に「何かがおかしくなった」と感じていながらも、〝全部自分のせいだ〟とひたすらに自分を消したい気持ちでいっぱいでした。とある仕事の会議の後、「ああ、もうだめだ」と思った私はＯＤ（オーバードーズ）していて、気づいたら実家にいました。

「死ぬくらいならアイドルをやめてほしい」

母にそう言われたのを覚えています。続けたかった、やめる気なんてなかった、ソロで活動したかったわけでもなかった、目標は東京ドーム。応援してくれてるファンのみんなの期待に応えたい。けれどいつしか過酷なスケジュールに体がついていかなくなって、知名度が上がるたびに誹謗《ひぼう》中傷が増え、スタッフと意見が合わなくなったり、頑張らなければというプレッシャーから、心はとっくに壊れていました。

なんでこうなってしまったんだろう？

「もがちゃんは考えすぎだよ！」
「アンチの言うことなんて気にしなければいいよ」
「ファンの人の言葉だけ見てよ！」

何か言われてＳＮＳで反論するたびにこう返ってくることがあり、〝伝えたいから伝えている〟のに、それを否定されてる気がしてとても辛かったです。好き勝手に言われている真実ではないことを、「違う」と伝えたかっただけなんです。私にもいっちょまえに傷つく心があって、みんなと同じように〝人間〟なんだと。

何年も言わずに気にしないフリをしていたことも数年後に掘り起こされて叩かれることはザラでした。そのときは「私にしか私の辛さがわからないのに」と蓄積されたモヤモヤは消えることがなく心を蝕《むしば》んでいきました。

他の人よりも考えすぎる、というのが自分の欠点だと思っていた私はＨＳＰという気質があるということを知ったとき、すごく腑に落ちて自分をやっと肯定できました。「考えすぎだよ」「気にしなければいい」という言葉を腐るほど聞いてきて、それでもなお、それが上手くできないことに消えたくなるほど悩んでいたからです。ＨＳＰの人はマイナスな言葉にダメージを受けやすすく考えすぎるせいで、うつ病など心の病気になりやすいということも知り、心療内科を受診して、うつ病と診断されたときは心の底からホッとしたのを覚えています。

そっか、考えすぎなのは気質のせいで、
おかしくなったのは脳の病気のせいなんだ。

〝自分自身〟がおかしいのかと思っていた私にとって
その２つを知ることができたのは救いでした。

to know myself

8

HSPは短所にも長所にも変えられる特性

CHAPTER _ 01
CHAPTER _ 02
CHAPTER _ 03
CHAPTER _ 04
CHAPTER _ 05

ＨＳＰにとって〝気にしない〟や〝考えない〟ことって、できないわけではないけれど、物凄く難しいです。気にしない努力、考えない訓練、をしないと勝手に色々と考えてしまうのです。自分のことを「ＨＳＰだから生きづらい」と言う人が多く、世間的にはネガティブに捉えることが多いかもしれませんが、私はそう思いたくないです。考えすぎて自分を辛くさせてしまうのは良くないですが、良い部分だけ活用することを身につければ、ＨＳＰの自分といい付き合い方ができると感じています。

長所はまさに「気づけること」「考えられること」「共感できること」だと思います。他人の些細《ささい》な変化に気づいたり、共感するというのは、実はなかなかできないものです。

あの人困ってそうだな、寒そうだな、辛そうだな等、相手をよく見て観察していないとわかりませんが、ＨＳＰの人は、空気感ですぐ感じられることも多いと思います。悩み相談されたときに「相手の立場になって感じて、物事を考えてみる」というのも簡単なことはありません。もちろんＨＳＰではなくとも気遣いのできる人はたくさんいますが、ＨＳＰの人は〝他人のＳＯＳに気づきやすい〟と思っています。

それを上手く活用できるかどうかは個々の問題ですし気疲れしてしまうこともありますが、自分次第で短所にも長所にもなる「ＨＳＰという能力を授かった」と考えるようにしています。仕事や人間関係でも、〝気づいてくれる人〟って貴重で、〝わかってくれる人〟の存在はとても大切だと感じます。

誤解をしがちなのが、「ＨＳＰだから○○ができない」ではなくて「その人だから」です。ＨＳＰの人たちが全員〝同じ考え方〟をするわけではないです。その考えが必ずしも〝ネガティブ〟とも限りません。〝ポジティブ思考のＨＳＰ〟の人だっています。ＨＳＰだから自信がない、のではなく、育ち方や環境で自信を養えなかっただけなんです。能力の使い方を間違えば欲しいものは得られないし、上手に活用できれば得られる、みたいなことだと思っています。

to know myself

9

自分の悪い癖と対処法

今は〝変えられない過去への後悔は考えない〟と自分の中でルールを決めています。反省して次に活かそう！　というのと、後悔して引きずるのとでは全く違いますよね。

忘れるのも簡単ではないし、どうしたって辛いことってふと考えてしまうものではあるのですが、そういうときは脳内でそのモヤモヤをゴミ箱に入れるイメージで捨てます。そして楽しいことを無理矢理にでも考えるか、気分転換できることに〝思考をすり替える〟んです。

これを何度も繰り返すと、そのうち思い出してもすぐ捨てれる癖をつけられたり、「まあいっか！」で済ませられる確率もどんどん上がりました。「そんなこと寝たら忘れるよ」って人もいますが、寝られなくなるくらい辛くなることはしょっちゅうありました。すぐにできることではなく、日々の思考の訓練と、気分が良くなるものをいくつかキープしておくこと、が大事だと思っています。

最も意識しているのは〝余計なことを考える暇な時間を作らないこと〟です。
そういう時間が一番病みますが、やりたいことが浮かばない精神状態のときも多々あったので、「やりたいこと」ではなく「やること」を決めるようにしました。

今日はこれを終わらせる、とか、この時間は娘のことだけを考える、とか、日々の簡単な目標・目的を作ることは心の平穏を保つためにとても重要だと気づいたんです。終わらなければ翌日に回せば良いくらいの、負担のかからないことです。私は部屋が片付いてなかったり汚れていると気分が落ちやすいタイプなので、掃除は無心になれてとても気分転換になりますし、綺麗な空間は思考も穏やかになりやすいです。

仕事に関してもそうです。撮影日が決まっていたら、その期間までに体を引き締める、とか美容を意識する、と思っているだけで、過ごし方に変化が出るんです。目標を高く設定してしまうと理想までの道のりが長いことに絶望しやすく、途中でモチベを維持できなくなるので、明日は、とか1週間、とか長くても2ヶ月に設定すると保ちやすいです。

逆に、「期間の決まってない仕事」に関しては私は全くやる気が出ません。いつでもいいなら気分が乗ったときにやろう=面倒くさいから今やらなくていいか（怠惰《たいだ》）となってしまい、無駄な時間が発生し、考え込みやすいです。自主企画は苦手で、他者を巻き込まないと終わりません。

他者を巻き込んだとしても全てのペースを自分任せにされると、モチベを保てません。企画段階ではやる気に満ち溢《あふ》れていても、連絡が途絶えると「なんだ、やる気あったのは自分だけか」と途端にやめたくなってしまう超厄介なタイプです。よく言えば効率厨《ちゅう》、悪く言えば飽きっぽいです。そういう自分の悪い癖がわかっているからこそ、仕事の決め方や進め方はメンタルを左右するのでかなり慎重に行っています。

「もがちゃんはストイックだね！」と言われることがあるのですが、それは明確な目標を見つけて、〝責任感〟で無理やり背中を押しているだけで、面倒くさいことは今でも大嫌いです（笑）。

ただ、後回しにする方が何倍も大変でさらに面倒くさくなる、という経験をたくさんしているからこそ、「今すぐにやろう」「毎日少しでもやることは後々自分のためになる」と思えるんです。

娘が生まれてから、毎日の生活リズムはほとんど同じですが、一人だった頃はある意味〝自由すぎて不便〟と感じることが増えていたので、不安が全くないわけではないですが、今の生活はとても心地よかったりします。幼い子供の不安というのは

「予測できないこと」らしく、「毎日ほぼ同じリズムで生活すること」は次が予測しやすく、安心に繋《つな》がると本で読んだことがあったのですが、大人もそうだなと感じました。娘がいると休みの日という概念がそもそもありませんが、「寝る時間」と「起きる時間」を変えないことで、生活リズムのズレを防止できるんですよね。

ここがズレるだけで体調にも変化が出やすく、考えてしまう時間が自然と増えてしまうんです。

人は、見える情報にかなり惑わされますよね。

考えすぎたくない、というときは、精神的にも物理的にも不快になるものを遠ざける方法を試しています。スマホを見ない日や時間帯を作るとか、人混みをさけて空を見上げるとか。物にも思い出って詰まっていますよね。これを見るとあの出来事を思い出す、みたいな。そこで、嫌な記憶が思い出されるものは断捨離します。

to know myself

10

必ずしも自分と同じ思考ではない、むしろほとんどの人が違う

どちらかが良い、悪いではなく、〝その立場になってみないとわからないことは必ずある〟と思っています。

ＨＳＰやうつ病を公表したのも、その気質や病気自体があまり知られておらず、〝もしかしたら自分もそうかも〟と気づくことはとても大事だと思ったからです。心の病というのは、すごく気づきにくいです。体の異常があったとしても病院で言われるのは「ストレスですね」くらいですし、自分自身も休めばすぐ治ると思っていました。前にできたことができなくなったとしても、他者から見たら「甘え」だと思われます。

どのように接してほしいかを提示するより、自分自身にどういう気質や病気があり、どう自分と向き合っていくのが良いのか、どうコントロールすべきなのか、ということを考えるようになりました。それまで私は誰であれ「話せば通じる」と思っていて、何か相違があった場合は納得いくまで話したい派だったのですが、これがまず間違いだと気づけたのはＨＳＰを知ることができたからです。

相手がバカだから、とかでは全くなく〝思考回路が違いすぎる〟と〝感じ方が違う〟ため「話しても通じない」んです。その人にとっての正解と自分にとっての正解が異なればお互いに正しいしお互いに間違っていますよね。

ＨＳＰは人口の15～20％と言われています。つまり、そうじゃない人の方が圧倒的に多いんです。相手も同じように考えるだろうと勝手に思ってしまうんですけど、これは欠点とか能力の差ではなく、生まれ持った気質、育った環境、宗教や関わる人たちによって、家族でさえ、価値観は異なるんです。繊細な人がいれば、鈍感な人だっていて、「考えすぎだよ」って言われたら、「あなたは考えなさすぎだね」と言いたくなります。

「～じゃない方」を意識するようになってから、少し気が楽になったんです。

それって努力次第でなれるものではないですしね。

to know myself

11

誰かのせいにしたっていい

自分の性格の大部分が決定するは幼少期だと思っています。生まれながらに備わっている気質の部分はもちろんありますが、その時期のトラウマや〝親にどう接されていたか〟で、その気質の使い方が良い方向にも悪い方向にも変わると思っています。

何か落ち込むことがあったとき、全てを自分のせいにすることで「私が悪いのだから仕方ない」と思うようにしていました。実際、誹謗中傷で悩んでいたときも他のメンバー全員と私を比較し悪口を書く人が圧倒的に多く、「お前だけが悪い」といつも言われていました。

「私はダメな人間だから」「どうせみんなから嫌われる」「頑張ったって褒められないし無駄」。

そう思えば思うほど、気持ちが孤立していくような感覚が強かったです。

だからこそ強がってしまう部分もあったし、性格悪い行動してるな、と感じる部分もあり、さらに自分のことが嫌いになりました。

でも、うつになってアイドルをやめた後や、コロナ禍で時間ができたとき、私は何度も自分と向き合い、なぜ、自分はこういう性格になってしまったのか？どうでもよくなってしまうスイッチはなんだろう、と考えるようになりました。

そして、母に連れられて精神分析を行ったことがあり自己肯定感の低さは家庭環境によって作られたものだと気づいたんです。

親や誰かのせいにしていい、そう言ってもらえたようで、心が少し楽になりました。自分は一切悪くないと開き直ったり、他者に責任を押し付けるだけでは何にもなりませんが、自分のダメな部分の原因を解き明かし、一部分だけでも誰かのせいにすることで少しでも自分自身を許してあげないと、一生自分を認められなかったと思います。

大人なんだから自分で考えて行動できるでしょ、なんてよく言われるかもしれません。

でも、大人だって、誰かの子供です。一人で全て解決できるのが当たり前なわけじゃありません。子供の頃のトラウマを抱えたまま大人になってしまったからこそ、自分自身への自信を取り戻せず、自分を愛せないこともあります。

親だって誰かの子供だったわけで、完璧なわけでなく失敗だってしてします。自分がなぜこうなってしまったのか、親はなぜこういう態度だったのか、それには全て理由があり、少し知るだけでも変わることはたくさんあります。

CHAPTER_03

love issues

第3章
性・LGBTQ・恋愛

03

12

性別も自分の好みも
誰を好きになるかも
自分の生き方は
自分で決めていい

昔から、恋愛対象として女性も男性も気になっていたけれど、それを疑問に思ったことは一度もなかったんですよね。アイドル時代、SNSにバイセクシャルだと投稿したときも、私自身はカミングアウトをしたという意識は全くなく、最上もがを勝手なイメージで話している人たちに「いや、違いますよ」って言いたかっただけなんです。当時は「レズ」「ゲイ」「バイセクシャル」の3パターンしかあまり言葉がなく、今ではもっと細かく分類されていますが、私の場合は性別を意識して誰かを好きになる、というより好きになった人がその人だった、っていうただそれだけでした。

娘に対しても、今は〝娘〟という表現をしていますが、〝生物学的には女である〟ということだけで、娘が自覚する性別はなんでもいいです。もっと大きくなって自分の性について考えるときが来たら、そのとき自分で決めやすいようにと、名前をつけるときも〝性〟に囚われにくい名前にしました。何が子供にとって良いことなのか、良い親なのかということではなく、私自身の性に対する考え方がこうだったからです。

近年は性の多様性に関して様々なメディアが取り上げているし、私自身もＬＧＢＴＱについてのインタビューやイベントに出演して自分自身の感覚について色々考えてきました。〝女として生まれ生きている〟ということに自覚はあって〝異性が恋愛対象というのが普通〟みたいなものも理解はあったんです。かといって、同性を好きになることへの疑問はなかった、という感じでしょうか。第1章で書いたトラウマの出来事もですが、男性に対する苦手意識があったのは確かです。

自分が〝女〟だと思う理由に関しては〝他の選択肢がなかった〟ということは感じています。親からは常に女であることを受け入れるように育てられていたし、女とはこうだ、男とはこうだ、ということを学びます。それは決して悪いこととかではなく、ごくごく普通の家庭はそうだと思いますし、〝親世代もそう学んできた〟だけなんですよね。大多数の人がやっていることを常識と呼び、そこから外れることを〝非常識〟と言われていたのだなと感じますし（今も割とそうですが）、〝そういう歴史だった〟だけなんです。

あらかじめ決まっていることの方が悩まずに済んだりしますし、世の中の〝普通の基準〟は物事を話すときに便利だったりします。それを良しとするかどうかは自分で決めればいいことですよね。

例えば、子供の服を子供自身が選ばずに親が選ぶ場合、男の子だったらピンクをいきなり選ぶ人は少ないかなと思いますし、子供の頃から髪の長い男の子や、ベリーショートの女の子は少ないです。でも本人たちがそれを好んでいるというよりは、〝それが普通〟とか、〝違うことが恥ずかしい〟というのをなんとなく感じて受け入れているのがほどんどかなと思います。もしくは自分で選択できると思っていないか、逆らえないか、という場合もあります。

実際のところ、女（男）の子だからこれが好き、というわけではなく、その子だからこれが好き、だったりします。何に対しても実際に見たりやったりしないと興味も何もなく、知らないものは好きになれないですよね。

母は私が娘に選ぶ服や物を「女の子なんだから」という基準で否定してきますが、おままごとセットみたいなのを用意しても、そこまで興味はありません。女の子のお人形よりもカワウソのぬいぐるみの方が好きでお世話をしていて、お世話をするよりもお外に出て、体を動かす方が好きなようです。電車や飛行機が大好きで、フリフリの服は着たがりません。

まだまだ明確な好みが出てくるのは先の話かもしれませんが、今の時点でこんなにフラットなら、関わる人と生活環境で好みは左右するもので、〝はじめから決まってること〟はないと思ったんです。みんながやってるからカッコイイ！　とか、周りのみんなが持ってるから欲しい！　とかは、その子の本当の好みとは少し違いますしね。

love issues

13

○○だからこうすべき、なんて他人から言われる筋合いはない

私は小学生の頃からスカートが嫌で、キュロットを穿いていました。母なりの妥協点だったそうです。当時の〝女の子らしい服装〟があまり好きではなく、どちらかというとパンツスタイルを好んでいて、中学生に上がると制服があり、強制的にスカートを穿かなきゃいけないことが本当に嫌でしたが、「それが普通！当たり前！」と言われると、「そ、そうなのか……」と思ってくるし、少数派の意見は受け入れてもらえないので、仕方のないことなのだと我慢していました。

はじめて生理が来たとき、よくわからない恐怖と恥ずかしさがあり親に言えず、胸が生えてきたときも嫌で仕方なかったのですが、多分女という性を意識することに少し嫌悪感があったのかもしれません。でも周りの子たちも同じように成長していって、高校生くらいになると疑問も考えなくなっていました。

ここまで多様性に関して世の中が考え、寛容になってきたのは、ネットの普及のおかげだなと思います。もちろん良い面も悪い面もありますが。

自分自身の性や生き方について疑問に思った人がネットを使って発信することによって、実は自分もそう思っていた！　という人たちが共感し、〝性の多様性〟が拡まっていったのかなと思います。昔はそこまで簡単に情報を得られなかったから、少数派といえど意外といるよ！　ということは知る機会がなく、隠すことを強《し》いられ、いじめのターゲットにされやすかったように感じます。20年前より圧倒的にオタクへの偏見は減りましたし、ＬＧＢＴＱを柔軟に考える人も増えたと思います。

女だからこうすべき、男だからこうすべき、
若いからこれをやるべき、その年齢でそれは痛い。

そういうのって誰かの一意見でしかなくて正解も不正解もなく、自分が何者かどうかっていうのは、自分自身が決めていいことだと私は思うんです。性別だって生き方だって、親に全て従う必要はないんです。

14

怖くても向き合わないと相手の本質はわからない

学生時代は全くモテず、私にとっての恋愛は漫画の中の話が全てでした。

小学生くらいからジャンル関係なく読み漁っていましたが、そのおかげか妄想がかなり得意になり、脳内でストーリーを作るだけで楽しめていました。夢小説という特定の登場人物の名前を自分の名前に変換できる創作小説がネット上で流行《はや》っていて、自分の好きな作品の小説を探して読み漁っていたのも懐かしい日々です。

実体のある誰かに憧れはしたものの、実際に付き合うことは現実味がなく、想像できないので「あの人綺麗！」とか「かっこいい！」と言って、見られるだけで楽しい、と思ってました。ちなみに2次元でものすごく好きだったのは『HUNTER×HUNTER』のシャルナークです。

最上もがとして活動するようになってから〝必要とされる〟ことが増えました。いろんな人から声をかけられることも増えて、嬉しくて誰かからの〝好き〟をすぐ信じてしまっていました。

恋愛の〝好き〟とは別かもですが、ファンの人だって今好きと言ってくれていても、他のアイドルのことも好きだったり、何年後かにはもう離れていたりもするのに、恋愛経験も人生経験も少ない自分は、「ずっと応援する」「ずっと好き」の言葉を全てそのまま受け取っていました。現実を知ったときは毎回凹んでしまってて、良い意味でピュア、悪い意味でチョロかったなと思います。

結局のところ、〝アイドルとして人気がそれなりにあった最上もが〟だから、みんな声をかけてくれてたんだな、と思うこともあり、好き、の意味も気持ちも自分の中でよくわからなくなりました。多分今までの恋愛は「恋に恋してる」状態だけを楽しんでいて、一時的だとしても〝自分を必要としてくれる〟とか〝日常の彩り〟のような感じで、相手の本質をちゃんと見てなかったと思うんです。でもこればっかりは経験しないとわからなくて、3次元と向き合うのを怖がっていた代償だったのかも、と今は思います。

love issues

15

結婚は〝誰もがいつかするもの〟ではない

10代の頃は「いつか結婚するんだろうな！」と、それがさも当たり前のことだと思っていました。結婚するなら何歳まで？なんて友達と話すこともあったんです。アイドルとしてデビューしたら、今まで関わりがなかったたくさんの人たちと関わるようになり、その頃には昔と違っていろんな情報をネットから簡単に得られるようになっていて、自分の中の価値観がどれだけ少ない情報で成り立っていたか、どれだけ何も経験していないまっさらな状態だったのかを知りました。

母が20歳くらいの頃（40年ほど前）は花嫁修業は必須でお見合いも普通とききました。親が結婚相手を選んでいた時代もありますし、結婚し、子を産むのが普通と教わったりします。今もそういう人はいるでしょうけど、私にとってそれは「幸せ」へのゴールではなく、敷かれたレールを歩むことに近い感覚があります。昔のしきたりを否定したいわけではありませんが、SNSの時代になり他人の生活の一部も気軽に見えるようになった現代では、旦那の愚痴を永遠と言い続ける人、妻のことを愛してないと言う人、不倫してる人、子供がいるから離婚できなくて辛いと言ってる人、シングルの方が旦那の世話しないぶん楽だよ！　羨ましい！　と軽々しく言ってくる人さえいます。うちの両親でさえ離婚の話が出たこともあり「結婚ってなんのためにするの？」という疑問は消えません。

「他人と比べること」や「リスクが見えるようになった」からこそ、自ら選択しなくなった人が増えたように感じます。

もちろん、愛し合っていて仲良しな夫婦もいます。喧嘩してもお互いを思いやっている人たちもいます。ただ、この先自分がそうなれる自信はないです。最初は一生添い遂げるつもりだったとしても自分の言葉に責任を持たず、人は人を簡単に裏切れたりしますよね。でも感情の生き物だから、〝好き〟が〝無関心〟になることも〝嫌い〟になってしまうことも、仕方ないと感じています。

心変わりされたことは悲しかったですが、結婚に対する良いイメージでの憧れが私の中にはなかったので、「どうせ無理に結婚していたとしても上手くいってなかっただろう」と思っています。母にも「あんたに結婚は向いてない、しなくてよかった。変わってるから」と言われました。

今は結婚が先に来ても妊娠が先に来ても「順番が違う」とは全く思いません。〝子どもがきっかけ〟ということを悪いと思わないからです。人それぞれの価値観があり、結婚が先なのが当たり前の人もいるとは思いますが、何かを決意するときに〝自分一人だけの感情では決めきれない〟人もいます。そういうとき、子どもが後押しになるパターンだってあるものです。夫婦＝子が必要、という考えも私の中にはありません。親世代からしてみたら当たり前のことだったかもしれませんが、私は今生きていて、そう思わないからです。

芸能人の事実婚に関しても批判する人はいましたが、籍を入れることにこだわらない人、金銭面はお互いに干渉したくない人や姓を変えることに抵抗がある人もいます。契約を結ばなくても良い関係、と思ったらお互いに楽だなって人もいると思いますし、結婚してもしなくても「相手を想う気持ち」は変わらないはずです。子供はどうすんの？って人がいるなら、「それはその家族が決めること」であって、外野が茶々を入れるものではないですよね。

同性婚に関してもなぜ認められないのか理解ができませんが、現代に追いつけない考えの人が残っている、ということです。

大多数の人はこれを〝少数派〟と罵《ののし》る方がまだまだ多い時代なのでしょうね。

CHAPTER_04

第4章 コンプレックス

with an inferiority complex

04

with an inferiority complex

16

劣等感で生きてきた私

昔から何に対しても自信がありません。特に容姿のコンプレックスは大人になっても根強く残っています。

子供の頃は写真を撮る習慣も見る習慣もなくて、自分の顔がどうとかって考えたことがなかったんですよね。服も髪形も母が選んでいたし、それが普通なのだと思っていました。

かっこいいとか可愛いと思う感性もいつから備わったものか定かではないですが、小学生の頃に父が撮った自分の写真を見て、「全然可愛くない、むしろブス」と思ってから、自分の顔も、写真を撮られることも嫌いになりました。なので、父が撮ってくれていた小学生以降は自分の写真が極端に少なかったです。

第1章
第2章
第3章
第4章
第5章

モテるのもクラスの中心になるのも容姿が良い人が多く、「そっか、生まれたときからこれは決まってるものなんだ」と勝手に思っていて、私はそこに辿《たど》り着けないのだとずっと劣等感がありました。

小学生の頃に気になってる男の子がいて、クラスで人気な女の子にそのことを話したら勝手にバラされてしまい「あいつすね毛が濃いから無理」とみんなで笑いながら話してるのを見たとき、ヒエラルキーを感じました。大人になっていろんな人と関わるようになってからは、陽キャとか陰キャとかじゃなくその人自身を見るようにはなっていますが、やはり心のどこかで「自分とは違うキラキラしている人」を羨ましく思ってしまうことは未だにあります。

オシャレとかメイクという分野も高校生のときに友達がファッション雑誌（『Zipper』）を読んでいてはじめて知りました。でも、見よう見まねでメイクをしてみても全然上手くできず、母からは「そんなのまだ早いからやめなさい」と怒られ、「髪を染めたい！」と言っても「絶対ダメ」とだけ言われてました。このときは変わりたいのに変われない葛藤に苦しんでいた時期だなと思います。

友達がピアスをあけているのを見て、かっこいいなと思って母の承諾なしに3つ同時にあけました。自分の中で何かが変わったような気持ちになり、それからは嫌なことがあるとあける、という癖がついてしまって気づいたら両耳合わせて12個くらいあいてる時期もありました。自傷行為に近い感覚があり、母への反抗心でもありました。

17

一歩踏み出すだけで人生が一変するかもしれない

美容室に行く、ということが私の中ではかなりハードルの高いことでした。リア充の巣窟《そうくつ》だと思っていたからです。高校を卒業するまではお父さんが通っていた個人経営の床屋に行っていたのですが、行けば必ずおかっぱになり、これじゃない感を感じながらも、こうしてほしいとは声に出せずに帰っていました。自分らしい髪形がわからず床屋に行くのも嫌になったとき、地元の駅で美容師のお姉さんに声をかけられたんです。

「髪を切らせてくれるモデルさんを探していて……」

本当に困っている様子でお願いされて断れず、そのまま美容室についていきましたが、ドアを開けた瞬間、帰りたくなりました。モデルハントしていたお姉さんはまだ見習いで、かなりとっつきやすい雰囲気の方だったので大丈夫だろうと思っていたけれど、来てしまったことを心から後悔したのを覚えています。私の勝手な偏見で苦手意識を持っていた「オシャレでキラキラしている人たち」が目の前にたくさんいたからです。

しかし、この出来事が後の人生を大きく左右したと私は思っています。
断りきれずその美容室で何度かカットモデルをすることになりましたが、22歳のときに起こった東日本大震災で明日死ぬかもしれないならやりたいようにしたいと思って、勢いでブリーチ剤を買いに行って金髪にしました。後日、市販のブリーチ剤は髪が傷むと美容師さんに怒られて整えてもらい、元祖最上もがの髪型になったんです。私は猫っ毛でかなり癖が強く、今まで自分に似合う髪形というのがよくわからなかったのですが、意外としっくりきて、自分らしさをはじめて感じました。

メイクに関しても自分に似合うものを探すのはとても苦労しました。もともと瞼《まぶた》が厚ぼったい一重で、黒目が小さく、若干吊り目で目つきが良い方ではありませんでした。アイラインを引いても瞼が重なってしまって見えず、かといって太く引くと目を瞑《つむ》ったときにパンダみたいになるし、シャドウも全く合わない。自分の顔を可愛いとは思えなかったし、メイクが濃ければ可愛くなる、という顔でもなく母に整形したいと話したこともあります。

「大人になったら瞼が痩せて二重になるわよ、私もそうだった」と言われ、（いや、未来の自分は知らんし！　今変わりたいんだってば!!）って思っていました。

顔へのコンプレックスが
最も強かった学生時代

当時知り合った友達がつけまつ毛をしていて、つける前と後で目の大きさや開き方が全然違うことに驚いて、「私もやりたい！」と色々教えてもらったんです。そして根元が硬くしっかりしてるタイプのつけまをつけると、その重みで二重になりびっくりしました。自まつ毛はマスカラでつけまに沿うように塗ってビューラーで固定し、糊《のり》で白くなってしまったところはアイラインで隠しました。

目の大きさの左右差がかなりあるので、小さい方の目につけるときは、数ミリ上につけて調整して、隙間《すきま》をアイラインで埋めたり。黒目の小ささはカラコンでカバーできると知り、金髪ショートにカラコンでつけま＝最上もが完成したんです。人って、髪の色やちょっとしたメイクの違いでこんなにも変われるんだ、と感動したことでもあります。

数年前つけま糊で目が腫《は》れることが増えてしまい、つけるのをやめたのですが、長年の癖なのか母の言う通り瞼が痩せたのか、気づいたら二重になっていました。まつエクは相性が悪かったので自まつ毛でどうにかやっていますが、アイドル時代よりもはっきりした目元にはならなくなり、顔つきが柔らかくなったと言う人が増えたのは多分そのせいです。

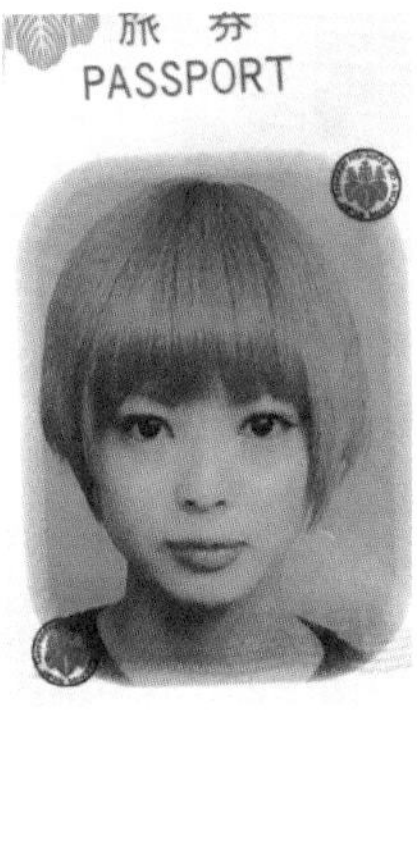

＜パスポートの写真＞
右　20歳くらいの頃
左　25歳くらいの頃

18

自分にとっては短所でも他者から見たら長所の場合もある

私は自分の唇の形が本当に嫌いなんです。ぽてっとしててだらしがなく、自然に笑うのがとても不得意で自分の笑った顔がどうしても可愛いと思えません。「歯を出して笑って！」と言われた撮影で、ほとんどボツになり「やっぱり不恰好なんだ」と思わざるを得なく、そういう日は帰宅してずっと凹んでました。

動画だと切り取られるわけじゃないし、チェキだと顔まわりがフラッシュで飛ぶので誤魔化《ごまか》せるから笑ってたり、人と写るときは意識しますが、ソロのスチール撮影で笑顔が少ない理由はこれです。「笑って」と言われない撮影のときは怖くて自分からは笑えません。いつだったか動画のスクショでブスに見えるものをわざわざ送りつけて「口元が下品」とアンチに言われ続けていたときも「お前より自分の顔理解してるわ」って思っていました。

歯科矯正をする前は上唇に歯が当たって中途半端な笑顔になってしまって、それがかなりコンプレックスでしたが、歯並びが治っても、自分の笑顔が好きになれないんです。上唇が分厚すぎず口角がきゅっと上がっている人がとても羨ましくて、コンシーラーで唇の端を消していた時期もありました。口の中で唇をかんで少しでもだらしなくないように、綺麗に見えるようにする癖もついています。自分の理想の顔にはなれないけれど、少しでも良く見せたい、というのはずっと思っています。

見た目が変わってもそれが自信に直結するかと言われたら別かもしれません。可愛いと言ってくれる人はいても、ブスだの批判する人もいます。気にしなければいいと私も思いたいですが、心のどこかで「やっぱりそうだよね」と落ち込んでしまうことはあります。こういうのって本当にすぐ解決できることじゃなくて「自分自身がどう思えるか」なんですよね。

with an inferiority complex

19

今が一番良いと思って生きたい

他人から見れば「あの頃が一番可愛かった」みたいなことはよく言われますが、10代の頃と比べたら圧倒的に34歳の自分の方が綺麗になったと感じます。あの頃からメイクを研究していたら当時は違ったのかもしれないけれど、やっぱりセンスとか技術とかって学んで経験を重ねないと取得できないですし、美容に関しても知らなかったことがたくさんだったので、綺麗になるためには〝自分をよく知る〟ことがとても大事だなと思いました。それと同時に、「努力すれば誰でもある程度は綺麗になれる」と自分で実感したんです。

20代後半からはサボればサボる分、衰えるということをかなり実感しました。外見だけじゃなく体力面もそうです。自分が10代の頃は30代の人のことを「おばさん（おじさん）だなあ」と思っていて、老けることへの恐怖はかなりありました。

けれど、職業柄なのか、時代なのか、年齢を感じさせない人は沢山いますよね。

産後の体型についてもどうやって戻したのかよく聞かれました。

産後2ヶ月で撮影を予定していたのですが、脂肪吸引などは一切せず妊娠中からできる範囲で筋トレや運動で体形管理をしていました。産後のぽっこりお腹を戻すのは本当に苦労しましたし、今思えばお金をかけて楽すればよかったなって思う面もあります。そうしなかったのは自分自身でどうにかできなければこの仕事も続けられないとなぜか思っていたからです。

見た目にこだわるのは「綺麗になりたいから」というのはもちろんですが、「自分のことをこれ以上嫌いになりたくないから」という理由が一番かもしれません。そういう意味では、すぐ「劣化」と言われてしまうこの表に出る仕事というのはサボりにくい理由にもなっていると思います。

20

〝コツコツ〟は必ず自分のためになる

何事も、苦手だからできないわけじゃなく、「苦手だと思い込んでるから、失敗するのが恥ずかしくて怖くてやりたくない」もしくは「どうせ無理だから。努力するのが面倒くさい」でした。

アイドルになって、得意じゃなくても自信がなくても〝やらなきゃいけない〟場面にかなり遭遇しました。他のメンバーと違い、歌もダンスも特別好きなわけではなく苦手で、本当に目も当てられないくらい下手なところからスタートしたんです。レッスンだけじゃ間に合わないから実家の狭いリビングで足をぶつけながらひたすらメモったノートと動画をにらめっこ。泥人形と呼ばれてた私も練習を重ねていけばそれなりに形になっていきました。

人前で歌うのは本当に辛かったです。自分のパートが迫ってくると緊張で喉の奥がきゅっと狭くなるのがわかるし、声が裏返ってしまったり、音を外すのもしょっちゅうで、母からは「ライブのもがパートの前は緊張する」と言われていたんです。

加入当初のライブがＹｏｕＴｕｂｅに上がってたりしますが、酷《ひど》すぎて聴けたもんじゃありません（笑）。

けど、ライブの数も年々増えて何年も場数を踏み続けていると、音響スタッフさんからも褒められるようになりました。ファンのみんなからも「もがは本当に歌が上手くなった」と言ってもらえて嬉しかったし、気づいたら歌うことも踊ることも好きになっていました。今思えば歌もダンスも下手なスタートってアイドルとして致命的だと思うんですけど、あのグループだったから這《は》い上がれたのかもしれません。それでも私は自分が出演しているＴＶやライブは恥ずかしくて辛くなるので、今も見れないです。

私の強みは負けず嫌いで向上心があり、〝誰かのためなら頑張れる〟ことかもしれません。家族のため、メンバーやスタッフのため、ファンのため。このグループを売らなきゃという使命感や責任感で生きて、「できないからやめよう」ではなく、「悔しい（自分に）ムカつく！　やってやる！」これが原動力でした。自分のためだけに働いていたら続かなかったと思います。

でもたとえ会社のため、人のために頑張ってきたことを否定されたとしても、その時間は無駄なんかじゃなく、ちゃんと自分の糧《かて》になっているんですよね。何事も諦めなければ可能性はゼロになりませんし、成長のチャンスはいくらでもあるって私は思うようにしています。完璧じゃなくても完璧に近づけるように頑張っていたら、逃げずに挑戦できた自分を誇れることが増えたんです。それは意味のある失敗だと思います。

21

好きな仕事じゃないからこそ続けられた

ここで書いているように私はアイドルになりたくてなったわけではありません。
これを昔インタビューで話したとき「アイドルになりたくてもなれない人に失礼」と言われたことがありますが、今の時代、売れることにこだわらなければ誰だってアイドルと名乗れます。成功が約束されていたわけではありませんし、手を抜いたこともありません。与えられた仕事を必死にこなしていました。与えられた、っていうのも勝手に仕事が入ってきたわけではないです。大手の事務所と違い、輝かしい経歴もなければ、番組の枠を持っているわけでもタイアップをゴリ押しできるわけでもない弱小事務所でした。上手いことハマった、ということがあったとしても死に物狂いでやってきたんです。

嫌々やっていた、というわけではなく本当に恥ずかしくて辛かったこともあります。カメラを恋人に見立てて可愛らしく振る舞う演出、そして水着グラビアです。可愛らしく振る舞う、というのは実際の自分の性格とのギャップがありすぎて、辛かったんです。芝居なら割り切れるのですが、番組上の演出だとどうしても〝自分自身〟という意識が抜けず、苦手でした。高校時代に痴漢《ちかん》に遭《あ》ってから、他者から性的な目で見られることにとても抵抗がありグラビアが決まってしまったときは本当に悩みました。ただ、グループを拡める最も大きなきっかけを作ることができたという自負はあります。どう思われようが、間口は広い方がいいですから。今は脳内でアート変換できますし、体そのものの美しさを表現することに恥は必要なかったのだと思えています。

どれもこれも決して楽な道ではなく、実際アイドルとして活動していた日々は私の人生において一番過酷な時期でした。アイドルとはこういうもの、芸能人とはこうすべき、という強い憧れや理想がなかったからこそ、がっかりすることもなくこの仕事を続けられているんだと思います。

CHAPTER_05

第5章
妊娠・出産・育児

as a mother

05

22

一方的な価値観の押し付けほど残酷な行為はない

２０２０年11月、私は未婚での妊娠を発表しました。
仕事上、どこでどう勝手に解釈され情報が漏れてしまうかわからなかったのと、撮影が決まっているチームにもなる早で相談したくて、その時期に決めました。
妊娠したことは本当に近しい相手にしか話していなかったので、恋愛スキャンダルが一度も出たことがない私のこの発表は、多分ファンのみんなや知り合いを含め大勢の方が驚いたと思います。

「結婚願望はないけれど、いつか子供は欲しいんです」

インタビューやSNSでよく話していたことですが、その話をもとになのか私のそもそもの世間的イメージが悪いのか、はたまた未婚での妊娠発表が芸能人としても世の中的にも〝少数派〟だったからか、当時は驚くほど叩かれました。少しだけ見てしまったネットニュースのコメント欄は一方的価値観の押し付けという名の凶器でぐちゃぐちゃに荒れていて、ぱっと見ただけですぐ閉じましたが、私のSNSに直接書き込んでくる人もかなりいました。もちろん祝福の声もたくさん頂きましたが、どんな理由であれ、命を宿すことに対して他者から賛否の「否」があることに絶望したのを覚えています。

「生まれてくる子供が可哀想」
「父親がいない子はいじめられるのに勝手なやつだな」
「子供は父親の背中を見て育つべき」
「愛人の子でも孕《はら》んだのか」
「どうせ不倫したんだろ」
「死ね」

見るだけで胃が痛くなり吐き気がするような言葉の数々と全て憶測でしかない情

報を真実のように拡める人もいました。産休という形をとらず、臨月までできる限りの範囲で仕事を続けていたので、ファンのみんなとの関わりを薄くするという行為に葛藤があったのですが、ただでさえ妊娠中はつわりやホルモンバランスも崩れて落ち込みやすいのに、追い討ちをかけるように誹謗中傷は続き、ＳＮＳから距離を取ることを決めました。

けれど、

「私はこの子を不幸にしてしまうのだろうか」
「そもそもが間違いだった？」
「いっそこのまま二人で消えたい」

望んだ妊娠なのに、さも私が罪を犯したかのように責め立てる人たちの言葉がずっと頭にこびりついて離れませんでした。妊娠後期はお腹も大きくなり、夜はまともに寝ることもできず、お腹に向かって「ごめんね」と言いながら一晩中泣いていた日もありました。

言葉の暴力でズタズタにしてくる人たちは私たちが死んだとしても、自分のせいなんて絶対に思わないんでしょう。どんなに酷い言葉をネットに書いているか、気づきもしない人たちですから。その時は本当に、誰一人味方がいないような、孤独な気持ちになっていました。

〝忘れたい辛い記憶〟というのはなかなか消えなくて普段は見ないようにしていても、ふとした瞬間に思い出してしまって「なかった」ことには決してなりません。

as a mother

23

シングルマザーで自分を不幸だと思ったことはない

娘が生まれ、育児と家事と仕事に追われる日々は辛い感情を徐々に薄めてくれました。正直なところ、それどころじゃなく大変だった、からですが。

ある程度気持ちに整理がついたとき、「妊娠中に振られたので、未婚での出産を決意した」という話をTV番組でやっと言えました。

今は相手に対する未練は何もありません。娘にとっては必要だったのではないか、と考えることはありますが、望んだことが必ず得られるわけではないという現実に、今持てるもので満たしていきたいと思えるようになりました。失恋というのはありふれた出来事ですし、仕方のないことでした。今は日に日に成長していく娘が可愛くて、愛《いと》おしくて、失いたくなくて、誰かを愛するという気持ちをはじめて知れたことに感謝しています。

シングルマザーの日々は外野からあれこれ言われてたより、なんとかなっているし、とても充実しています。自分のことを不幸と思ったこともありません。睡眠不足と娘からもらう風邪だけ辛いなーって思うときはありますが(笑)、娘中心のスケジュールで自分の好きなことができなくても全く不満を感じていないし、早寝早起きの娘に合わせて毎日活動して、朝から外に出てぽかぽかの太陽の光を一緒に浴びる気持ちよさや、いろんなところに出かける楽しさと心の解放感みたいなものは、何年も忘れていたものだなと気づきました。一緒に出かけて喜んだり楽しんでいる姿を見たら、どんなに大変でも「連れていってよかったな」と思います。

当時叩かれたときはあまりにも辛いことが重なっていたから、気持ちもずっと潰《つぶ》れてしまっていたけれど、今は自信を持って「シングルマザーは楽しい」と言えるし、子供がどう思うかなんて誰にも未来は予想できないけど、そんなのどの家族だってそうですよね。

親の都合以外で生まれてくる子は一人もいません。全員、誰かの身勝手で生まれてきます。両親が揃《そろ》っていても不満を抱えていたり不幸な子や、後に離婚して辛かった子も、最初から片親で幸せな子だっています。それは両親がいるから、とか片親だから、とか関係なくて、「誰にどう育てられたか」にしかすぎないと思っています。だからこそ、「生まれてきてよかった」と思ってもらえるように私は娘と向き合っていきたいです。

私は今、二人目が欲しいと思うことはあってもパートナーが欲しいとは思えていません。

性別もパートナーの有無も関係なく、結婚に興味はないけど子供は欲しい、と思う人はいると思います。世の中がもう少し、偏見なく自ら選択できるようになったり、叩くのではなくその選択を応援したり、支援体制が整えばいいのになと心から感じます。

as a mother

24

不安はあって当たり前

もともとうつ病持ちではありますが、妊娠中と産後うつのメンタルの波は生半可なものではなかったです。「赤ちゃんの頃なんてあっという間だから今を楽しみなさいね！」なんて言われても、多分その人も余裕なかったのだろうなと思います。他者から「大丈夫」と言われても、命と向き合っているのは自分ですしね。

「あの頃もっと写真を撮っていたら……！」と思うことはたくさんありました。特にお風呂なんてスマホを持ち込む余裕はないし、はじめての沐浴《もくよく》も産院で教わったことを正確にやらないと娘に何か悪いことが起こるんじゃないかと怖くて必死でした。定点カメラを設置していたら……なんて今更思います。

でも毎日テンパっていたし可愛いだけでは済まされない大変なときもあって、母は強しという言葉は、強くならざるを得ない状況の連続だからなのだと痛感しました。けれど、母になる自信があったから妊娠したわけではありません。

それを「無責任だ」と言う人もいるかもしれませんが、未経験のことに自信を持てる人はいるのでしょうか。私は無宗教なので、信じる神もいませんし、〝与えられし試練は必ず乗り越えられる〟という考えもありません。

けれど、自分の経験上、自信を持てないからできない、なんてことはなかったです。

毎日子どもと向き合って、正解がわからずたくさん試行錯誤して、その経験こそが、少しずつ自分を〝母親〟に変えていったのだと思います。

25

赤ちゃんの睡眠を守ることで自分の生活が改善される

私は長年、睡眠障害に悩まされています。忙しくて睡眠不足になるのもありましたが、もう10年くらい、「夜寝たら朝だった!! すっきり！」というのを経験していません。イライラしやすく集中力が続かなかったり常に倦怠感《けんたいかん》があったりします。

これも、他者になかなか理解してもらえないものだなと感じていて、治すために睡眠外来に通ったり、いろんな薬を試してみたりはもちろんですが、生活習慣を整えたり、マットレスを替えたり、寝る前のルーティンを作ったり、ヤクルト１０００を定期購入したり……。とにかく睡眠の質を良くするための工夫は長年色々試しているけれどそれでも一向に治らないんです。

なので、ワンオペ育児で最も大事にしてきたことは娘の睡眠時間の確保でした。睡眠は娘の機嫌をかなり左右するのと、しっかり寝てくれることにより、私も休む時間を確保できるからです。

とはいえ、じゃあ寝てほしいときに寝てくれるかと言ったらそんなことはまずなくて、新生児の頃はとにかく寝てくれないし、寝たとしてもすぐ起きてしまって、「あれ？ 新生児って1日のほぼ寝てるんじゃ……？」と何度も絶望しました。そのときは赤ちゃんの睡眠に関して何の知識も持っておらず、眠いときに寝て、起きたいときに起きるものだと思っていました。

しかし、あまりにも寝ないしぐずられるので、ネットで検索したり、本を買って読んだら「そもそも赤ちゃんは一人で寝ることが上手にできない（個人差はある）からこそ環境を整えることが大事」ということを知り、環境を作りながら0歳6ヶ月くらいにネントレを始めたんです。

2021年8月から始めた育児や日常中心のAmebaブログには、そのときに試した方法をたくさん書いていて、睡眠に関しての知識をまとめていました。

夜泣きの原因も必ずどこかにあるので、その都度検証してブログにアップしてて「あれ？ 研究者みたいだな？」と思ったりもしました（笑）。

今は風邪をひいたり無茶なスケジュールを組んだりしない限り、夜19時頃には寝室へ行き「大好きだよ、お休みね～」とバイバイしたあと一人で自然と寝て、夜泣きもせず朝は6時半～7時頃起きてくるという生活になり、かなり楽になっています。自分だけじゃなかなか整わなかった生活が劇的に変化し、夜になったら自然と眠くなり、短時間寝るだけでも昔のように辛くなることは減りました。娘もよく眠れると、日中も機嫌が良く、意味不明なぐずりもありません。

1歳半くらいから、俗に言う〝イヤイヤ期〟にも入りましたが、これに関してもゆるくやっている砂糖なし・怒らない育児がとても有効で、自我の成長が微笑《ほほえ》ましく、話せば伝わることも増えて育児の楽しさが増しました。

as a mother

26

自分は反面教師

「どんな子になってほしいですか?」と聞かれることがよくあります。
正直なところ、私のようにはなってほしくない、と思っています。
娘の選ぶことは否定せず、できる限りやりたいことをやれる環境を作って、たくさん褒めて、抱きしめて、愛してることはちゃんと言葉で伝えて、自分のことを好きになってもらいたいです。

私は家事とか生活スキルが皆無で一人暮らしを始めた当初は本当に困ったし、料理もひどいものでしたが、そういうのも早いうちに娘には楽しく身につけさせてあげたいと思っています。

子供が疑問に思ったことを親に聞いたりすると「大人になればわかる」という言葉をよく使ったりしますよね。

もちろん「理解力」という意味で、大人になればわかるってことはたくさんあると思うのですが、私自身は「子供のうちから知りたかったこと」がかなりあったし、実際小学生くらいになればほぼ理解できるんじゃないかと感じています。

この先きっと、娘はありとあらゆることに疑問を持ち、私にとって答え辛いことも「なんで？」と訊いてくる時期もあるのだろうと思います。

知ったかぶりをしたり嘘をつくことはせず、わからないことは一緒に考えたり調べたりして楽しく解き明かしたいし、自分のこともその時に理解できる言葉で一生懸命伝えたいと思っています。

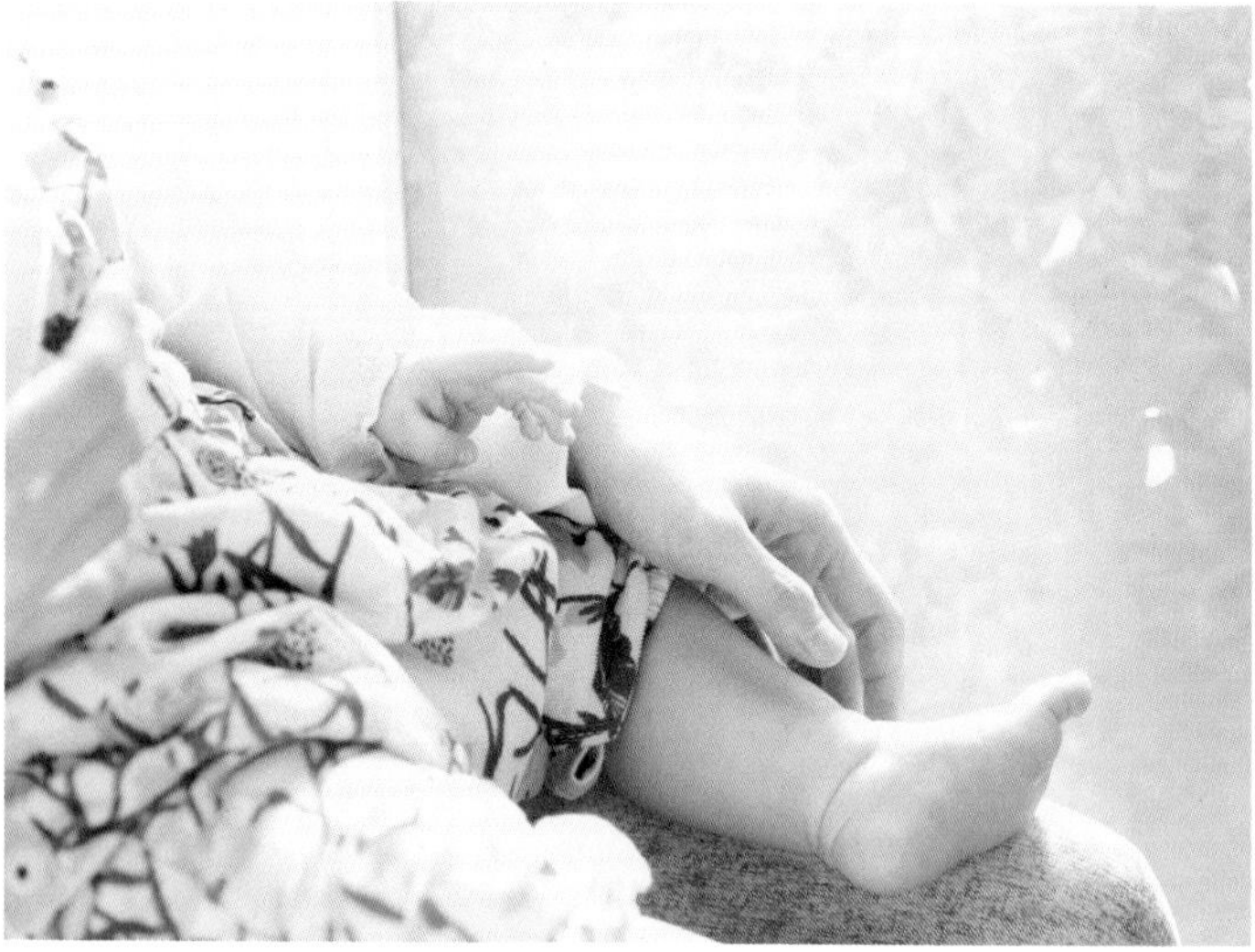

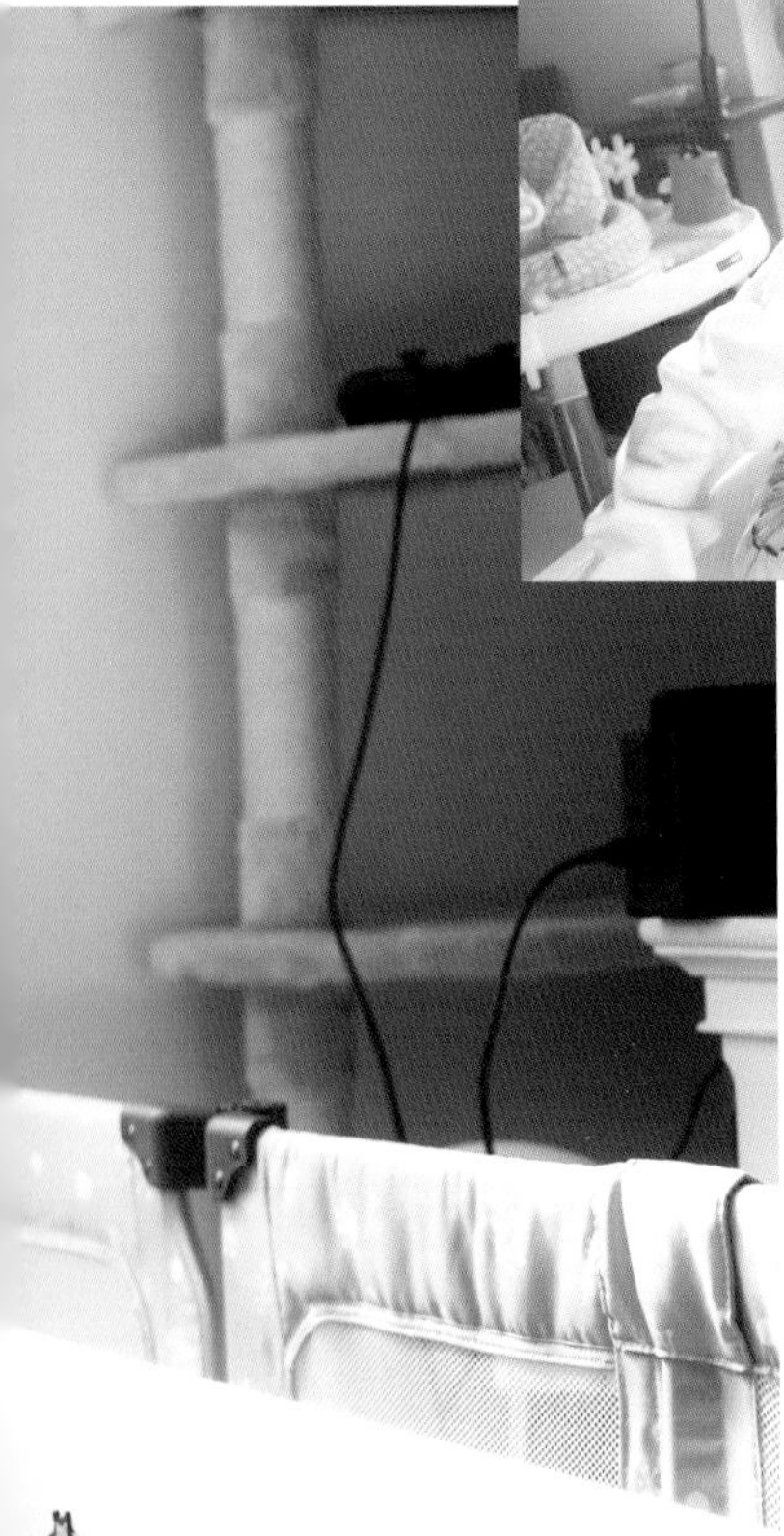

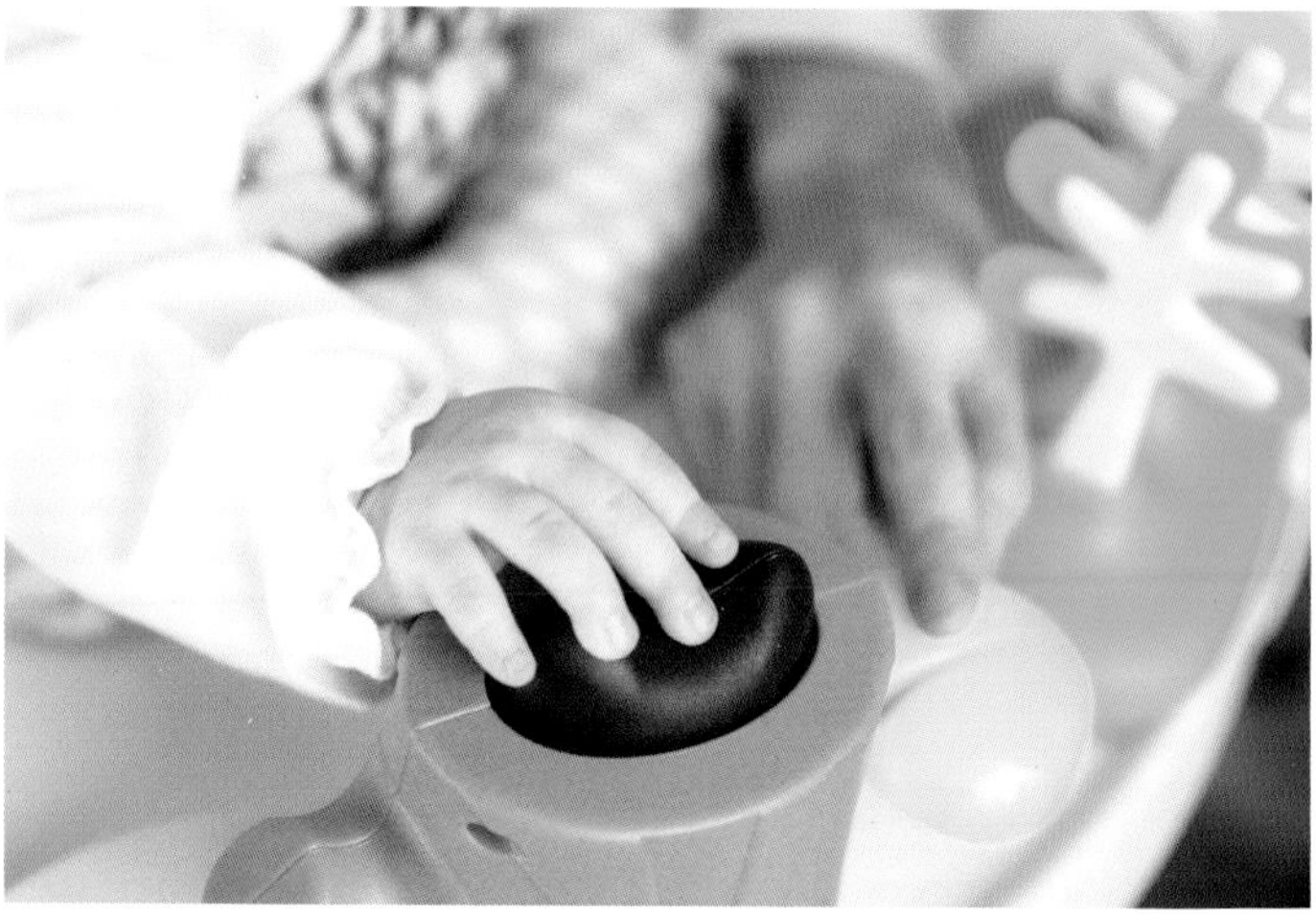

おわりに

5年ほど前、KADOKAWAさんから「エッセイを出しませんか?」と連絡が来て、そのときはインタビュー形式でライターさんに書き起こしてもらいました。しかし、最上もがをイメージして書き起こしてもらった文章と、自分自身のズレをかなり感じてしまい、どこから修正すればいいかわからず流れてしまったんです。なので今回は全て自分で書くことにしました。

これを読む前と後で、「最上もが」に対する印象は変わったでしょうか?
もしかしたら、あなたの思っていた「理想の最上もが」と違ってがっかりした人も嫌いになってしまった人もいるかもしれませんが、外見や内面の変化が少しずつあったとしても私自身の芯はずっと同じなんです。

ＨＳＰとかうつ病とかシングルマザーとか、カテゴライズしたものをなんとなく書いてはみましたが、結局のところ私の生き方とみなさんの生き方は違って、一人一人の正解はバラバラです。共通しているのは何もしなければ何もできなくて、知ろうとしなければわからないまま、ということなんですよね。毎日、娘の成長を見ていると、最初は体の使い方も伝え方もわからずただ泣くことしかできなくても、一つ一つ練習して、失敗して、でもまた一生懸命やって、やっとできるようになる、その尊さを感じますし、それは赤ちゃんだからではなく、何歳になったって、やらなくても勝手にできるようになることなんてないんですよね。

年を重ねるごとに記憶しておけるキャパが少なくなったり、ある程度諦《あきら》めがつきやすくなったり、許容範囲が拡がることはあったけれど、逆に頑固になる人もいます。年齢＝穏やかになるってわけでもないと感じます。意図してなくても誰だって一度は誰かを傷つけていて、「誰も傷つけないように生きること」は不可能なんですよね。存在してるだけで傷ついたと言ってくる人だっているんです。

私にとって、「自分の失敗に気づき、認めること」はとても重要でした。「ごめんね」と「ありがとう」が言える人間でいたいと思っています。

ここに書かれていることは私の人生のほんの一部で、全てではありません。書き足りないこともたくさん残っているし、これを機にもう少し長編で書こうかなとか、育児本も書こうかな、とかも考えています。そのときにまた、会えますように。

『も学』を読んでくれて、知ろうとしてくれて、本当にありがとうございます。

２０２３年３月吉日

最上もが

最上もが MOGAMI MOGA

1989年2月25日生、東京都出身。
2011年アイドルグループ「でんぱ組.inc」のメンバーとして芸能界デビュー。2017年脱退後は、映画、ドラマ、バラエティ、ファッション誌など幅広く活動。2021年第一子出産。育児と仕事の両立に奮闘中。
Twitter ／ Instagram　@ mogatanpe
HP　mogatanpe.com

も学《がく》 34年《ねん》もがいて辿《たど》り着《つ》いた最上《もがみ》の人生《じんせい》

2023年4月3日　初版発行

著　者／最上《もがみ》 もが

発行者／山下 直久
発　行／株式会社 KADOKAWA
〒102-8177　東京都千代田区富士見2-13-3
電話 0570-002-301（ナビダイヤル）
印刷所／凸版印刷株式会社

●お問い合わせ
https://www.kadokawa.co.jp/ （「お問い合わせ」へお進みください）
※内容によっては、お答えできない場合があります。
※サポートは日本国内のみとさせていただきます。
※ Japanese text only

定価はカバーに表示してあります。

ISBN 978-4-04-897176-8 C0095